BEI GRIN MACHT SICH IHR WISSEN BEZAHLT

AF151948

- Wir veröffentlichen Ihre Hausarbeit,
  Bachelor- und Masterarbeit

- Ihr eigenes eBook und Buch -
  weltweit in allen wichtigen Shops

- Verdienen Sie an jedem Verkauf

Jetzt bei www.GRIN.com hochladen und kostenlos publizieren

Tim Peters

Das Grundgesetz - Antwort auf Weimar

GRIN Verlag

Bibliografische Information der Deutschen Nationalbibliothek:

Die Deutsche Bibliothek verzeichnet diese Publikation in der Deutschen National-
bibliografie; detaillierte bibliografische Daten sind im Internet über http://dnb.d-
nb.de/ abrufbar.

Dieses Werk sowie alle darin enthaltenen einzelnen Beiträge und Abbildungen
sind urheberrechtlich geschützt. Jede Verwertung, die nicht ausdrücklich vom
Urheberrechtsschutz zugelassen ist, bedarf der vorherigen Zustimmung des Verla-
ges. Das gilt insbesondere für Vervielfältigungen, Bearbeitungen, Übersetzungen,
Mikroverfilmungen, Auswertungen durch Datenbanken und für die Einspeicherung
und Verarbeitung in elektronische Systeme. Alle Rechte, auch die des auszugsweisen
Nachdrucks, der fotomechanischen Wiedergabe (einschließlich Mikrokopie) sowie
der Auswertung durch Datenbanken oder ähnliche Einrichtungen, vorbehalten.

Impressum:

Copyright © 2008 GRIN Verlag GmbH
Druck und Bindung: Books on Demand GmbH, Norderstedt Germany
ISBN: 978-3-640-24653-3

Dieses Buch bei GRIN:

http://www.grin.com/de/e-book/120769/das-grundgesetz-antwort-auf-weimar

GRIN - Your knowledge has value

Der GRIN Verlag publiziert seit 1998 wissenschaftliche Arbeiten von Studenten, Hochschullehrern und anderen Akademikern als eBook und gedrucktes Buch. Die Verlagswebsite www.grin.com ist die ideale Plattform zur Veröffentlichung von Hausarbeiten, Abschlussarbeiten, wissenschaftlichen Aufsätzen, Dissertationen und Fachbüchern.

Besuchen Sie uns im Internet:

http://www.grin.com/

http://www.facebook.com/grincom

http://www.twitter.com/grin_com

Christian-Albrechts-Universität zu Kiel
Institut für Sozialwissenschaften
Bereich Politikwissenschaft
Sommersemester 2008
Übung zur Vorlesung „Das politische System Deutschlands"

Das Grundgesetz – Antwort auf Weimar

Tim Peters

Kiel, den 01.09.2008

Inhalt

1. Einleitung: Die Entstehung des Grundgesetzes[1]

Mit der bedingungslosen Kapitulation am 8. Mai 1949 ging der Untergang der deutschen Staatsgewalt einher. Deutschland wurde in vier Besatzungszonen aufgeteilt, schnell stellte sich heraus, dass eine gemeinsame Deutschlandpolitik der Besatzungsmächte wegen ideologischer Differenzen nicht möglich war. Berlin befand sich unter der gemeinsamen Verwaltung der Siegermächte, hier galt das Grundgesetz bis 1990 nur eingeschränkt. Die UdSSR war als Besatzungsmacht im östlichen Teil Deutschlands an einer Einheit des Landes bzw. der Besatzungszonen interessiert, da die Westmächte aber eine „Sowjetisierung" fürchteten, kam es nicht dazu. Bei den letzten freien Landtagswahlen 1946 kam die Sozialistische Einheitspartei in den Ländern der Sowjetzone zu keiner absoluten Mehrheit.

Unter diesen Voraussetzungen begannen in den westlichen Besatzungszonen die Vorarbeiten für eine verfassunggebende Versammlung: An der Münchner Ministerpräsidentenkonferenz im Juni 1947 nahmen letztmals die Ministerpräsidenten der Sowjetzone teil, im Verlauf der Konferenz verließen sie diese dann auf Geheiß Moskaus. Da nunmehr eine zumindest vorläufige Trennung des Gebietes der vier Besatzungszonen unausweichlich erschien, beschlossen die Westalliierten unter Beteiligung der Nachbarländer Luxemburg, Belgien und der Niederlande auf der Londoner Sechs-Mächte-Konferenz die Frankfurter Dokumente: Durch die Einberufung einer verfassunggebenden Versammlung sollte ein demokratischer und föderalistischer Staat geschaffen werden.

Unter diesen Vorgaben konferierten die westdeutschen Ministerpräsidenten in Koblenz und beschlossen, eine gesamtdeutsche Verfassung zurückzustellen, bis die Voraussetzung, also die Einheit Deutschlands, geschaffen sei. Man einigte sich auf den Namen „Grundgesetz" für diese provisorische Verfassung. Im Anschluss an eine Sachverständigenkonferenz auf Herrenchiemsee nahm der Parlamentarische Rat am 1. September 1948 seine Arbeit auf. Die 65 Abgeordneten waren zuvor von den westdeutschen Landtagen gewählt worden. Gemäß den politischen Kräfteverhältnissen setze er sich wie folgt zusammen: CDU/CSU und die SPD waren

---

[1] Laut Aufgabenstellung ist die Verwendung von Fußnoten in dieser Arbeit nicht vorgesehen. Zitate werden daher neben der Kenntlichmachung durch Anführungszeichen im Text mit einer Quellenangabe versehen. Soweit es sich um Grundgesetzzitate handelt, ist folgende Fassung maßgeblich: Gesetzesbeschluss vom 30.6.2006 (BR-Drucks. 462/06).

mit jeweils 27 Abgeordneten bestimmend, die kleineren Parteien (FDP, Zentrum, DP, KPD) stellten zusammen elf Mitglieder. Zum Präsidenten des Rates wurde Konrad Adenauer gewählt.

Am 8. Mai 1949, also genau vier Jahre nach der bedingungslosen Kapitulation, stimmten die Mitglieder über das Grundgetz ab; eine klare Mehrheit von 53 gegen zwölf Stimmen nahm den Entwurf des Grundgesetzes an. Anschließend wurde das Grundgesetz in elf von zwölf Landtagen angenommen. Da eine Volksabstimmung wegen des provisorischen Charakters nicht gewollt war, trat das Grundgesetz am 23. Mai 1949 in Kraft.

2. Wichtige Normen im Überblick

Bereits die Präambel des Grundgesetzes gehört nach Auffassung der Staatsrechtslehre zu den verfassungsrechtlichen Normen. Sie bestimmt:

„[…] Die Deutschen […] haben die Einheit und Freiheit Deutschlands vollendet. Damit gilt dieses Grundgesetz für das gesamte Deutsche Volk."

Dieser Satz besagt, dass die Bundesrepublik Deutschland keine weiteren Gebietsansprüche erhebt. Der Aufruf, der in der Präambel bis zur Vereinigung zu finden war, *„[…] das gesamte Deutsche Volk bleibt aufgefordert, […] die Einheit und Freiheit Deutschlands zu vollenden"* ist mit dem Beitritt der DDR zum Geltungsbereich des Grundgesetzes erfüllt.

Unmittelbar am Anfang des Grundgesetzes sind die Grundrechte zu finden. Im Unterschied zur Weimarer Reichsverfassung räumen die Väter des Grundgesetzes ihnen somit den wichtigsten Platz in der Verfassung ein. Diese Stellung der Grundrechte ist historisch einmalig und als Reaktion auf die NS-Unrechtsregime zu deuten. Es sind vier Grundrechtsarten zu unterscheiden: Freiheitsrechte (Abwehrrechte) geben dem einzelnen Bürger einen Anspruch auf Unterlassung staatlicher Eingriffe in seine persönliche Rechtssphäre. Nach dem klassischen liberalen Verständnis hat der Mensch einen angeborenen Freiheitsbereich, in den nicht eingegriffen werden darf. Dies wird auch als Naturrechtslehre bezeichnet. Die zweite Gruppe stellen die politischen Grundrechte dar. Sie beinhalten Mitwirkungsbefugnisse im Gemeinwesen, zu nennen ist hier insbesondere das aktive und passive Wahlrecht. Ob das Grundgesetz „Teilhaberechte" gewährt, ist bisher offen, sie stehen aber nach Meinung des Bundesverfassungsgerichts in jedem Fall unter dem Vorbehalt des Möglichen. Soziale Grundrechte finden sich im Grundgesetz nicht, dafür Staatszielbestimmungen (s. 3.1). Im Grundgesetz wird zwischen Menschenrechten und Deutschengrundrechten unterschieden. Menschenrechte stehen allen Menschen, die sich im Geltungsbereich des Grundgesetzes befinden, zu, Deutschengrundrechte nur deutschen Staatsbürgern und EU-Ausländern.

Artikel 1 stellt die „Fundamentalnorm" (Bundesverfassungsgericht) des Grundgesetzes dar. Er bestimmt:

„Die Würde des Menschen ist unantastbar. Sie zu achten und zu schützen ist Verpflichtung aller staatlichen Gewalt."

Und im dritten Absatz: *„Die nachfolgenden Grundrechte binden Gesetzgebung, vollziehende Gewalt und Rechtsprechung als unmittelbar geltendes Recht."*

Die Würde des Menschen ist der oberste Wert des Grundgesetzes. Aus dem Artikel 1, der als Reaktion auf das Unrecht des „Dritten Reiches" an den Anfang des Grundgesetzes gestellt wurde, ergeben sich alle weiteren Grundrechte. Es gibt keine einheitliche Definition der Menschenwürde. In einer Entscheidung des Bundesverfassungsgerichts wurde sie einmal wie folgt definiert: „Der Eigenwert und die Eigenständigkeit eines Menschen dürfen nicht angetastet werden." Die Grundrechte stellen keine bloßen Programmsätze dar, sie sind vielmehr unmittelbar geltendes Recht, wie im Artikel 1, Absatz 3 bestimmt wird. Die gesamte Staatsgewalt ist an die Grundrechte gebunden, diese Bindung ist gerichtlich überprüfbar.

Neben dem Grundrechtskatalog der Artikel 1 bis 19 enthält das Grundgesetz weitere grundrechtsgleiche Normen, wie beispielsweise das Recht auf rechtliches Gehör des Artikels 103. Unter den Grundrechten befindet sich beispielsweise das Recht auf Leben und Freiheit der Person (Art. 2), die Gleichheit vor dem Gesetz (Art. 3), die Glaubensfreiheit (Art. 4), die Meinungs- und Pressefreiheit (Art. 5), die Eigentumsgarantie (Art. 14) sowie das Verbot der Ausbürgerung (Art.16).

Artikel 19 enthält das Einzelfallgesetzverbot und die Wesensgehaltgarantie, wonach die Verwirklichung eines Grundrechts nicht dem Ermessen einer Behörde überlassen werden darf. Außerdem besagt die Rechtsweggarantie, dass grundsätzlich jede staatliche Handlung gerichtlich überprüfbar ist.

Der darauffolgende Artikel 20 enthält die Verfassung in Kurzform. Er lautet:

(1) „Die Bundesrepublik Deutschland ist ein demokratischer und sozialer Bundesstaat."

(2) „Alle Staatsgewalt geht vom Volke aus. Sie wird vom Volke in Wahlen und Abstimmungen und durch besondere Organe der Gesetzgebung, der vollziehenden Gewalt und der Rechtsprechung ausgeübt."

(3) „Die Gesetzgebung ist an die verfassungsmäßige Ordnung, die vollziehende Gewalt und die Rechtsprechung sind an Gesetz und Recht gebunden."

(4) „Gegen jeden, der es unternimmt, diese Ordnung zu beseitigen, haben alle Deutschen das Recht zum Widerstand, wenn andere Abhilfe nicht möglich ist."

Artikel 20 bestimmt somit die politische und gesellschaftliche Ausgestaltung des bundesrepublikanischen Gemeinwesens: Deutschland ist republikanisch, bundesstaatlich organisiert, demokratisch, sozialstaatlich, es herrscht eine Gewaltenteilung, Deutschland ist rechtsstaatlich und alle Bürger besitzen ein Widerstandsrecht gegen Verfassungsfeinde (welches nicht mit Selbstjustiz gleichzusetzen ist).

Im Gegensatz zur Weimarer Reichsverfassung wird die Relevanz politischer Parteien im Grundgesetz ausdrücklich anerkannt. Artikel 21 Absatz 3 weist ihnen die Stellung einer verfassungsrechtlichen Institution zu. Aus dieser Stellung wird u.a. die Wahlkampfkostenerstattung abgeleitet.

Artikel 79 enthält die so genannte „Ewigkeitsklausel":

„Eine Änderung dieses Grundgesetzes, durch welche die Gliederung des Bundes in Länder, die grundsätzliche Mitwirkung der Länder bei der Gesetzgebung oder die in den Artikeln 1 und 20 niedergelegten Grundsätze berührt werden, ist unzulässig."

Die Umwandlung der Bundesrepublik Deutschland in einen zentralistischen Staat ist in den Grenzen des Grundgesetzes unmöglich, zumindest zwei Bundesländer müssen bestehen bleiben. Auch die „Verfassung in Kurzform" des Artikels 20 sowie die Menschenwürde sind einer Änderung durch das Parlament entzogen.

Lediglich eine neue Verfassung könnte die Artikel 1 und 20 außer Kraft setzen. Artikel 146 besagt:

„Dieses Grundgesetz [...] verliert seine Gültigkeit an dem Tage, an dem eine Verfassung in Kraft tritt, die von dem deutschen Volke in freier Entscheidung beschlossen worden ist."

Dieser Artikel erkennt eine freie Verfassungsgebung des Volkes als legal an und knüpft die Geltungsdauer des Grundgesetzes an diese Bedingung. Weder der

Wortlaut noch die Systematik liefern darüber hinaus einen Anhaltspunkt für die Annahme, ein zukünftiger Verfassungsgeber (pouvoir constituant) sei an die Beschränkungen des Artikels 79 gebunden.

3. Streitfragen

Wegen ihrer gewollten Unbestimmtheit lässt eine Verfassung grundsätzlich Spielraum für Interpretationen. In der Geschichte der Bundesrepublik Deutschland gab es Auseinandersetzungen unter anderem um die Frage, ob soziale Grundrechte einen Platz im Grundgesetz finden sollten, ob die Verfassung zu direktdemokratischen Abstimmungen ermächtigt und über die Kollision des freien Mandats mit der Parteiendemokratie. Im Zuge der deutschen Einheit stellte sich die Frage, ob nunmehr eine neue Verfassung vom Deutschen Volk zu legitimieren sei.

3.1. Soziale Grundrechte

Zu den sozialen Grundrechten zählen insbesondere das Recht auf Arbeit, auf Wohnraum und Ausbildung. Für die Befürworter sozialer Grundrechte sind die Leistungen des Staates ebenso wichtig wie der Schutz vor Übergriffen des Staates nach dem klassischen liberalen Verständnis. Der Übergang zur Industriegesellschaft habe soziale Probleme geschaffen, die verfassungsrechtlich einklagbare soziale Grundrechte nötig machten. Die Gegner sozialer Grundrechte führen das Schicksal der Weimarer Reichsverfassung als Argument an: Artikel 163 bestimmte, dass jeder Deutsche ein Recht auf Arbeit habe. 1933 habe es etwa sechs Millionen Arbeitslose gegeben, hierdurch sei diese Verfassungsnorm ad absurdum geführt worden.

Es stellt sich in diesem Konflikt grundsätzlich die Frage, ob eine Verfassung zuvörderst Individualrechte gewährleisten soll, oder als programmatischer Appell zu verstehen ist. Die Väter des Grundgesetzes hielten sich an das Motto „weniger versprechen, mehr halten". Anders als in der Weimarer Reichsverfassung gelten die Grundrechte unmittelbar und sind keine bloßen Programmsätze.

3.2. Direktdemokratische Elemente

Artikel 20 Absatz 2 des Grundgesetzes besagt:

„Alle Staatsgewalt geht vom Volke aus. Sie wird vom Volke in Wahlen und Abstimmungen und durch besondere Organe der Gesetzgebung, der vollziehenden Gewalt und der Rechtsprechung ausgeübt."

Es stellt sich die Frage, ob dieser Absatz des Grundgesetzes zu Volksabstimmungen berechtigt. Die Staatsrechtslehre verneint diese Frage, da der Parlamentarische Rat grundsätzlich keine Volksabstimmungen gewollt habe. Für diese Ansicht spricht, dass im Folgenden das Volk nicht als Gesetzgeber genannt wird, sondern lediglich der Bundestag (insb. im Abschnitt „Gesetzgebung", Artikel 72ff.). Für den Parlamentarischen Rat sprachen vor allem zwei Gründe gegen Volksabstimmungen: Zum einen hatte man die Verführung der Deutschen während der NS-Zeit vor Augen, zum anderen fürchtete man eine Abstimmung über die Wiedervereinigung zu den Bedingungen der UdSSR, die das Ende der Westbindung hätte bedeuten können. So sagte der spätere Bundespräsident, Theodor Heuss, ein Volksbegehren sei die „Prämie für jeden Demagogen". Allerding gelten die zeitgeschichtlichen Argumente der Väter des Grundgesetzes für die heute vereinigte Bundesrepublik Deutschland nicht mehr uneingeschränkt.

3.3. Weitere Streitfragen

Der Einigungsvertrag, der am 31. August 1990 zwischen den beiden deutschen Staaten geschlossen wurde, bestimmte den Beitritt der DDR zum Geltungsbereich des Grundgesetzes nach dem alten Artikel 23:

„Dieses Grundgesetz gilt zunächst im Gebiet der Länder [der alten Bundesrepublik]. In anderen Teilen Deutschlands ist es nach deren Beitritt in Kraft zu setzen."

Man entschied sich gegen den mühsameren Weg des Artikels 146, der eine neue, vom Volk beschlossene, gesamtdeutsche Verfassung ermöglichte. Es wurde lediglich eine Verfassungskommission eingesetzt, die ihre Arbeit mit marginalen Änderungen 1994 beendete.

Zu verfassungsrechtlichen Diskussionen führt auch der Gegensatz zwischen Parteiendemokratie und dem vom Grundgesetz garantierten freien Mandat des Abgeordneten. Hier stehen sich ebenfalls zwei Verfassungsnormen gegenüber. Aus dem Artikel 21 wird das so genannte Parteienprivileg gefolgert. Er lautet:

„Die Parteien wirken bei der politischen Willensbildung des Volkes mit."

Demgegenüber steht der Artikel 38:

„Die Abgeordneten des Deutschen Bundestages [...] sind Vertreter des ganzen Volkes, an Aufträge und Weisungen nicht gebunden und nur ihrem Gewissen unterworfen."

Das Parteienprivileg räumt den politischen Parteien ein Quasi-Monopol bei der Rekrutierung der politischen Führung ein. Daraus resultiert eine große Abhängigkeit des Abgeordneten von seiner Partei, die mit dem freien Mandat kollidiert.

4. Fazit: Das Grundgesetz – Antwort auf Weimar

Die Väter des Grundgesetzes haben mit diesem Verfassungswerk ein Vorbild für viele europäische und außereuropäische Verfassungsgeber geschaffen, da aus dem Scheitern der Weimarer Republik und damit auch ihrer Reichsverfassung die richtigen Schlüsse gezogen wurden: Die Macht des Bundespräsidenten wurde stark eingeschränkt, er erhielt nurmehr repräsentative Funktionen. Das destruktive Misstrauensvotum, das entscheidend zu dem instabilen Regierungen der Weimarer Zeit beitrug, wurde durch ein konstruktives ersetzt. Darüber hinaus garantiert die Ewigkeitsklausel des Artikel 79 die Menschenwürde und die freiheitlich-demokratische Ordnung der Bundesrepublik. Ebenso hat sich die Rolle der Grundrechte entscheidend verändert – sie sind nicht mehr bloße Programmsätze, sondern unmittelbar geltendes Recht, an das Exekutive, Judikative und Legislative gebunden sind. Dennoch sollten vor möglicherweise systemgefährdenden Entwicklungen nicht die Augen verschlossen werden: Das Erstarken der Parteien am linken und rechten Rand des politischen Spektrums muss ebenso Anlass zur Sorge geben wie die abnehmende Wahlbeteiligung und die immer geringer werdende Bereitschaft, sich überhaupt mit politischen und rechtlichen Zusammenhängen zu befassen.

5. Literatur

Brohm, W.: Soziale Grundrechte und Staatszielbestimmungen in der Verfassung, in: Juristen-Zeitung 5/1994, S. 213-264.

Feldkamp, M.: Der Parlamentarische Rat 1948/49. Die Entstehung des Grundgesetzes. Göttingen 1998.

Fromme, F. K.: Von der Weimarer Verfassung zum Bonner Grundgesetz, 2. Aufl. Tübingen 1960.

Hesselberger, D.: Das Grundgesetz. Kommentar für die politische Bildung, 13. Aufl. München 2003.

Jung, O.: Grundgesetz und Volksentscheid. Gründe und Reichweite der Entscheidungen des Parlamentarischen Rats gegen Formen direkter Demokratie. Opladen 1994.

Niclauß, K.: Der Weg zum Grundgesetz. Demokratiegründung in Westdeutschland 1945-1949. Paderborn 1999.

Oberreuter, H.: Direkte Demokratie und die repräsentative Verfassung der Bundesrepublik Deutschland, in: Zeitschrift für Politik 2002, S. 290-305.

Recker, M.-L.: „Bonn ist nicht Weimar" – Zu Struktur und Charakter des politischen Systems der Bundesrepublik Deutschland in der Ära Adenauer, in: Geschichte in Wissenschaft und Unterricht 44/1993, S. 287-307.

Schütt-Wettschky, E.: Zwischen traditionellem Parlamentsverständnis und moderner Parteiendemokratie: Gründe des latenten Verfassungskonflikts, in: Zeitschrift für Parlamentsfragen 2/2003, S. 531-549.

Unruh, P.: Der Verfassungsbegriff des Grundgesetzes. Göttingen 2002.